49

아버지를 찾아 나선 테세우스

주니어RHK

신화의 가치

신화는 한 민족의 기원이나 역사적 · 종교적 · 문화적 삶의 모습을 보여 주는 옛이야기입니다. 주로 신과 영웅에 관한 이야기가 많고, 오랫동안 입에서 입으로 전해 내려왔다는 특징이 있지요.

우리가 살펴볼 그리스 로마 신화는 고대 그리스와 로마에 전해 오는 신화와 전설을 한데 묶은 것입니다. 그리스 로마 신화는 고대의 삶을 엿보게 해 주는 문화유산일 뿐만 아니라, 세계 여러 나라의 문학과 미술에 큰 영향을 끼쳤습니다. 하지만 문화적 가치만큼이나 중요한 것이 또 있습니다. 오래된 옛이야기이면서도 거기에 담긴 교훈적 가치가 오늘날에도 여전히 쓸모 있고 중요하다는 사실입니다.

놀랍지 않나요? 수천 년 전의 이야기가 어떻게 과학 문명이 고도로 발달한 오늘날에도 통하는 것일까요? 그것은 바로 그리스 로마 신화에 나오는 신과 영웅의 모습이 오늘날 우리의 모습과 다르지 않기 때문입니다. 신들도 우리처럼 분노하고, 질투하고, 실수를 하지요. 그런 모습을 보면서 우리는 깔깔 웃거나 눈물을 흘리고, 교훈과 감동을 얻습니다. 우리가 그리스 로마 신화를 읽어야 하는 까닭이 바로 이것입니다.

신화의 세계로 떠날 여러분에게 한마디 덧붙이자면, 신화는 우리에게 끝없는 상상력을 요구한다는 점입니다. 신화 속에는 수많은 은유와 상징이 곳곳에 널려 있지요. 따라서 신화를 읽을 때에는 상상력을 최대한 발휘하여 신화 속에 숨겨진 의미를 찾고, 그것을 자기 나름대로 재해석하는 과정이 필요합니다. 이렇게 읽었을 때에야 비로소 여러분 앞에 놀라운 삶의 이야기가 펼쳐질 것입니다.

자, 그럼 흥미진진한 신화의 세계 속으로 함께 떠나 볼까요?

아버지가 누구인지 궁금했던 테세우스에게 드디어 비밀의 문이 열립니다.
아버지가 남긴 증표를 가지고 아테나이로 길을 떠나지요.
헤라클레스처럼 용감한 영웅이 되어 아버지를 만나고 싶은 테세우스가
과연 무사히 아버지를 만날 수 있을까요?

주요 등장인물

아이게우스 왕

아테나이의 왕으로
테세우스의 아버지예요.
사려 깊고 신중하지만
아내 메데이아의 꾐에 잘 넘어가요.

메데이아

아이게우스 왕의 아내로
마법을 부릴 줄 알아요.
잔인하며, 하고자 하는 것은
꼭 하고야 마는
성격이에요.

테세우스

아테나이의 왕 아이게우스와
트로이젠의 공주 아이트라 사이에서
태어났어요. 영웅을 동경하며
의지가 굳세고 용기가 넘쳐요.

1
아버지를 만나러 가는 길

'누구나 자랑스러워 할 만큼 훌륭한 영웅이 된다면

아버지 앞에 당당히 나설 텐데.'

테세우스는 아테나이의 왕 아이게우스와 트로이젠의 공주인 아이트라 사이에서 태어났습니다. 그러나 어려서부터 어머니와 외할아버지의 보호 아래 자란 테세우스는 단 한 번도 아버지를 보지 못했습니다. 그러던 어느 날, 테세우스는 아이트라에게서 뜻밖의 이야기를 듣게 되었습니다.

"테세우스야, 사실은 네게도 아버지가 있단다. 숲으로 가 보렴. 커다란 바위 아래 칼과 가죽신이 있을 거야. 만약 바위를 들고 칼과 가죽신을 꺼낼 수 있다면 네 아버지를 찾아 아테나이로 가거라. 그 분은 아테나이의 왕이시란다."

아버지를 향한 그리움을 가슴에 담고 살았던 테세우스는 아버지를 만날 수 있다는 생각에 서둘러 숲으로 갔습니다.

테세우스는 바위를 가뿐히 들고 칼과 가죽신을 꺼냈습니다. 그리고 가죽신의 끈을 동여매고 날카로운 칼을 칼집에 꽂으며 생각했습니다.

'누구나 자랑스러워 할 만큼 훌륭한 영웅이 된다면 아버지 앞에 당당히 나설 텐데.'

테세우스의 어머니 아이트라

아이트라는 원래 괴물 키마이라를 무찌른 벨레로폰의 청혼을 받았다고 해요. 하지만 아버지 피테우스 왕이 아이게우스가 아폴론에게 받은 신탁을 듣고 딸 아이트라를 아이게우스와 결혼시키지요. 그런데 아이게우스와 만나기 전에 아이트라는 바다의 신 포세이돈도 만났어요. 그렇게 태어난 아이가 테세우스였지요. 그래서 테세우스는 인간의 아들이자 신의 아들이기도 하지요.

아테나이까지 가는 길은 바닷길과 산길이 있었습니다. 배를 타고 가는 바닷길은 별 위험이 없어 편안히 갈 수 있었지만, 산길은 오랫동안 걸어야 하며 도적들이 *들끓어 몹시 위험했습니다.

어머니 아이트라와 외할아버지 피테우스는 바닷길을 권했습니다.

"아테나이로 가는 산길은 위험하기 짝이 없단다, 테세우스. 아버지를 만나기도 전에 큰일을 당하면 어쩌려고 그러느냐."

하지만 테세우스는 헤라클레스처럼 도적과 괴물을 물리쳐 이름을 떨치고 싶었습니다. 그럼 아버지를 만났을 때 더 당당할 수 있을 것 같았기 때문입니다. 테세우스는 위험하고 모험이 가득한 산길로 떠났습니다.

***들끓다** 한곳에 여럿이 많이 모여 수선스럽게 움직이다.

아이트라와 테세우스

〈테세우스와 그의 어머니 아이트라〉 로랑 드 라 이르

테세우스는 바위를 들 수 있을 만큼 성장하자 바위 밑에 놓인 물건을 꺼내 아버지를 찾아 떠나요. 아이트라가 바위를 알려 주자, 테세우스가 바위를 치우고 아이게우스가 숨겨 놓은 가죽신과 칼을 발견하는 장면이에요.

테세우스는 어서 아버지를 만나고 싶은 마음에 가슴이 두근거렸습니다. 그래서 힘든 줄도 모르고 걸음을 재촉했습니다.

"이 길을 따라가면 아버지를 만날 수 있겠지. 가는 동안 악당들을 물리쳐 아버지 이름을 빛나게 하겠어. 어서 가자, 테세우스!"

그런데 갑자기 숲 속에서 사람들의 목소리가 들렸습니다.

"왜 이 길은 안 된다는 거요?"

"글쎄 이쪽으로는 가지 마시오. 길을 통과하기는커녕 목숨이 위험할 거요."

한 무리의 사람들이 병사들과 *실랑이를 하고 있었습니다.

보아하니 숲으로 난 길을 병사들이 막아선 것 같았습니다. 테세우스가 다가가서 물었습니다.

"이 길이 아테나이로 가는 가장 빠른 길이라고 들었소. 나도 이 길을 가야 하는데 무슨 일인 거요?"

*실랑이 이러니저러니, 옳으니 그르니 하며 남을 못살게 굴거나 괴롭히는 일.

병사들은 새로운 사람이 나타나자 *난감한 표정을 지었습니다.

"알고 있는지 모르겠소만, 여기는 페리페테스가 나타나는 곳이오. 그의 몽둥이 한 방이면 당신도 살아남지 못할 거요."

테세우스는 웃으며 병사들을 지나갔습니다.

"걱정 마시오. 무사히 지나갈 뿐 아니라 페리페테스란 자도 내 손으로 처치해 주겠소. 사람들을 괴롭히는 못된 자가 있다니. 그런 자를 해치우는 게 내가 바라는 바요."

병사들은 성큼성큼 앞으로 나서는 테세우스를 막지 못했습니다. 사람들은 그런 테세우스를 보며 웅성거렸습니다.

"저사람 괜찮겠어? 페리페테스에게 걸리면 뼈도 못 추릴 텐데."

"일단 두고 봅시다. 페리페테스가 없어지면 우리야 좋은 것 아니겠어?"

사람들은 앞장서는 테세우스의 뒤를 조심스레 따랐습니다.

*난감하다 이렇게 하기도 저렇게 하기도 어려워 처지가 매우 딱하다.

그때 쿵 하는 소리와 함께 누군가 테세우스 앞을 가로막았습니다. 키가 크고 얼굴이 험상궂게 생긴 거인이 쇠몽둥이를 든 채 버티고 서 있었습니다. 바로 쇠로 만든 몽둥이를 들고 다니면서 나그네들을 괴롭히는 페리페테스였습니다. 페리페테스는 테세우스가 지나가지 못하게 방해하며 소리쳤습니다.

"이봐, 젊은이. 이곳을 무사히 지나고 싶다면 돈을 내놓으시지!"

테세우스가 그런 페리페테스를 나무랐습니다.

"이곳이 네 땅이라도 된단 말이냐? 네 놈은 혼 좀 나야겠다."

"하하, 이 녀석 좀 봐라? 따끔한 몽둥이맛을 봐야 정신을 차리겠군. 아무도 이 쇠몽둥이를 피할 수 없지! 이야아아아!"

페리페테스는 몽둥이를 휘두르며 테세우스에게 달려들었습니다.

테세우스는 거대한 몽둥이를 슬쩍 피하고는 페리페테스의 다리를 걷어찼습니다.

"악!"

도둑 페리페테스

페리페테스는 대장장이의 신 헤파이스토스의 아들이에요. 그는 다리가 약해서 쇠로 만든 지팡이를 짚고 다녔는데, 이 지팡이를 휘둘러 여행자를 공격하곤 했어요. 테세우스가 빼앗아 버린 몽둥이가 바로 이 지팡이이지요. 다른 이야기에서는 망치라고 나오기도 해요.

"어떠냐? 눈물이 찔끔 날 정도로 아프지?"

갑작스런 공격에 혼이 빠진 페리페테스를 보며 테세우스가 여유롭게 웃었습니다.

하지만 곧이어 페리페테스는 빠른 속도로 몽둥이를 휘두르기 시작했습니다. 슉, 슉, 슉 바람을 가르는 몽둥이는 맞으면 뼈가 으스러질 정도로 강력한 것이었습니다. 테세우스는 요리조리 몽둥이를 피했지만 공격을 할 틈이 없었습니다.

"이 쥐새끼 같은 녀석, 잘 버티는구나!"

약이 오른 페리페테스가 있는 힘껏 또다시 몽둥이를 휘둘렀습니다. 그때였습니다. 테세우스는 페리페테스의 손목을 쳐서 몽둥이를 빼앗았습니다.

“어, 어라, 내 몽둥이!”

몽둥이를 빼앗긴 페리페테스는 당황해서 어쩔 줄 몰라 했습니다. 그 사이 테세우스는 페리페테스를 걷어차 멀리 던져 버렸습니다.

테세우스는 며칠을 걸어서 코린토스에 이르렀습니다. 그곳에는 소나무를 휘는 사나이라는 별명을 지닌 악당 시니스가 있었습니다. 시니스는 길목에 숨어 있다가 지나가는 사람을 공격했는데, 그 방법이 아주 잔인했습니다. 소나무 두 그루의 꼭대기를 잡아 구부려서 사람을 묶은 뒤에 소나무를 원래대로 놓는 것이었습니다.

테세우스가 길을 지나가는 것을 보고 시니스가 말을 걸었습니다.

"이봐 청년, 보아하니 힘 좀 쓰게 생겼군. 누가 힘이 더 센지 나랑 내기해 보지 않으려나? 저 소나무 두 그루를 구부리는 사람이 이기는 걸로 하지."

내기를 핑계로 테세우스를 묶어 버리려는 속셈이었지요. 테세우스는 순순히 응했습니다. 그러고는 두 그루를 양손으로 잡아 가볍게 구부렸지요.

그때였습니다. 시니스가 히죽 웃으며 밧줄을 꺼내 테세우스의 손발을 묶으려고 했습니다. 테세우스는 재빨리 그 밧줄을 빼앗아 오히려 시니스를 나무에 묶어 버렸습니다. 처음부터 시니스의 못된 계획을 눈치챘던 테세우스는 일부러 시니스의 제안에 응했던 것입니다.

시니스는 복수하겠다며 고래고래 소리를

질렀습니다. 테세우스는 시니스를 큰 소리로 꾸짖었습니다.

"네가 죽인 수많은 사람들을 생각해라, 이 악당아!"

시니스는 발버둥을 쳤지만 소용이 없었습니다. 그리고 사람들을 나무에 묶어 죽였던 것과 똑같이 자신도 온몸이 묶인 채 죽고 말았습니다.

시니스의 딸 페리구네

사람들을 나무에 묶어 찢어 죽인 잔인한 시니스에게는 페리구네라는 어여쁜 딸이 있었어요. 페리구네는 아버지가 죽는 것을 지켜보고는 테세우스에게 자기를 구해 달라고 애원했어요. 자신을 구해 주면 어떤 식물도 해치지 않고 그 은혜를 갚겠다고 맹세했지요. 테세우스는 페리구네를 보호해 주고, 나중에 좋은 남자와 결혼하도록 도와주기도 했어요. 페리구네는 약속을 지켜 나무와 풀을 보살피고, 약초를 가지고 아픈 사람을 치료하며 살았다고 해요.

테세우스가 여러 마을을 지나는 동안, 용감한 청년이 나타나 사람들을 괴롭히던 악당들을 해치웠다는 소문이 널리 퍼졌습니다. 테세우스가 코린토스 지방을 벗어나고 있을 때쯤, 농부들이 나타나 자기들이 처한 딱한 처지를 하소연했습니다.

"여보시오, 길 가는 젊은이. 우리를 도와주고 간다면 신의 은총이 내릴 거요."

"그렇소. 멧돼지 한 마리가 들어와 난동을 부린다오. 얼마나 사나운 놈인지 몇 년 동안 잡으려고 했지만 그러지 못했소. 이제는 그 멧돼지가 사람까지 공격한다네. 그놈 좀 없애 주시오."

테세우스는 농부들을 도와주기로 했습니다. 해가 뜰 무렵, 거대한 멧돼지가 숲 속에서 나왔습니다. 멧돼지는 테세우스를 향해 사납게 달려들었습니다. 하지만 테세우스는 침착하게 몽둥이로 멧돼지를 힘껏 내려쳤습니다. 멧돼지는 한 방에 쓰러져 죽었습니다. 지켜보던 농부들은 기뻐서 환호성을 질렀습니다.

그 뒤로도 테세우스는 많은 악당들을 만났습니다. 험한 산길에서는 사람들을 낭떠러지로 떨어뜨리는 악당 스키론과 싸워 이겼습니다. 아테나이 가까이 왔을 때에는 닥치는 대로 *결투를 신청해서 목을 졸라 죽이는 케르키온을 만났습니다. 이번에도 테세우스는 케르키온을 내동댕이쳤습니다.

눈앞에 아테나이가 보일 무렵 마지막 악당이 나타났습니다. 대장장이 프로크루스테스였습니다. 프로크루스테스는 자기가 만든 침대에 사람을 눕히고, 그 사람의 키가 침대 길이보다 길면 잘라 죽이고, 침대 길이보다 짧으면 늘여 죽였습니다. 테세우스는 프로크루스테스를 붙잡아 그 침대 위에 눕히고는 죽어 간 나그네들과 똑같이 복수해 주었습니다. 이윽고 테세우스는 아테나이로 향하는 험한 길을 다 지나왔습니다.

***결투** 승패를 결정하기 위하여 벌이는 싸움.

2
미궁 속의 미노타우로스

미노스 왕은 누구도 빠져 나올 수 없는 미궁을 짓게 해서
그곳에 미노타우로스를 가두었습니다.
그리고 매년 아테나이의 젊은이들을 제물로 바쳤습니다.

한편 테세우스와 함께 산길을 나섰던 사람들은 다름 아닌 아테나이 사람들이었습니다. 갑자기 나타난 정의롭고 용감한 테세우스를 보며 사람들은 수군거렸습니다.

"이 젊은이는 진짜 영웅이 틀림없어."

"맞아! 아이게우스 왕의 *시름을 덜고 아테나이를 구할 영웅이 될 수도 있어."

"미궁 속의 괴물, 미노타우로스만 해치울 수 있다면!"

사람들은 입을 모아 말했습니다.

***시름** 마음에 걸려 풀리지 않고 항상 남아 있는 근심과 걱정.

테세우스가 그 이야기를 듣고 물었습니다.

"미궁 속에 괴물이 있다고요? 그 괴물은 도대체 어떤 괴물이기에 이렇게 다들 두려움에 떠는 겁니까?"

그러자 한 사람이 나서서 이야기했습니다.

"두려울 수밖에요. 아테나이에서는 매년 일곱 명의 청년과 일곱 명의 처녀를 이 괴물의 먹이로 바쳐야 하니까요."

아테나이 근처에는 크레타라는 섬나라가 있었습니다. 크레타에는 미노스라는 왕이 있었는데, 그의 아들 안드로게우스가 아테나이에서 열린 운동 경기에 참가하여 우승했습니다. 아테나이의 아이게우스 왕은 크레타 사람이 우승한 것이 못마땅했습니다. 그래서 안드로게우스에게 마라톤 벌판에 있는 황소를 잡아보라고 권했습니다. 아이게우스 왕의 속셈대로 안드로게우스는 그만 황소의 뿔에 받혀 죽고 말았습니다.

크레타의 미노스 왕은 크게 분노하여 아테나이와 전쟁을 치렀고, 아테나이는 이 전쟁에서 지고 말았습니다. 미노스 왕은 항복의 대가로 매년 아테나이에서 일곱 명의 청년과 일곱 명의 처녀를 크레타에 바치라고 했습니다. 그리고 이 젊은이들은 크레타에 있는 황소 미노타우로스의 먹이가 되었습니다.

미궁에 갇힌 미노타우로스

〈미노타우로스〉 조지 프레더릭 와츠

미노타우로스는 '미노스의 소'라는 뜻으로 파시파에 왕비와 소 사이에서 태어났어요. 포악한 성질과 이상한 모습 때문에 미궁에 갇혔지요. 그림 속 미노타우로스는 바깥세상을 그리워하는 것처럼 먼 바다를 바라보고 있어요.

무시무시한 괴물 미노타우로스는 포세이돈의 노여움을 산 미노스 왕 때문에 태어나게 되었습니다. 오래전 미노스 왕은 포세이돈에게 하얀 소를 제물로 바치기로 해 놓고 다른 소를 바쳤습니다. 이 사실을 안 포세이돈은 몹시 노해서 미노스 왕의 부인인 파시파에 왕비가 소를 닮은 괴물을 낳게 했고, 그것이 바로 미노타우로스였습니다.

미노스 왕은 누구도 빠져나올 수 없는 미궁을 짓게 해서 그곳에 미노타우로스를 가두었습니다. 그리고 매년 아테나이의 젊은이들을 제물로 바쳤습니다.

자초지종을 들은 테세우스는 기가 막혔습니다.

"불쌍한 아테나이 사람들! 죄도 없이 괴물의 먹이가 되다니. 그리고 아버지는 괴물 때문에 얼마나 괴로워 하셨을까! 내 *기필코 미노타우로스를 무찌르고 말 테다."

사람들은 테세우스가 보통이 아니란 걸 알았습니다. 하지만 괴물 미노타우로스 또한 만만치 않은 상대였습니다.

미궁

크레타의 미노스 왕은 다이달로스에게 들어갈 수는 있으나 그 안의 길이 얽히고설켜 있어서 절대 빠져나올 수는 없는 미궁을 만들게 해요. 이 미궁 속의 꼬불꼬불한 길을 미로라고 하지요. 일이 얽혀서 잘 되지 않을 때, 어떤 사건이 잘 해결되지 않을 때 '사건이 미궁에 빠졌다', '미궁 속을 헤매고 있다'라고 해요. 다이달로스가 만든 미궁의 이름이 라비린토스인데, 여기서 미궁 또는 미로를 뜻하는 영어 낱말 래버린스(labyrinth)가 만들어졌답니다.

*기필코 반드시.

테세우스는 미노타우로스를 해치우리라 마음먹었습니다. 얼마쯤 더 가자 멀리 아테나이의 모습이 보이기 시작했습니다.

도시는 무척 시끌시끌했습니다. 수많은 사람들이 거리에 나와 테세우스를 환호하고 있었습니다.

'이게, 무슨 일이지?'

이미 수많은 악당을 해치운 테세우스의 소문이 아테나이까지 퍼졌던 것입니다. 사람들은 그동안 못된 짓을 일삼던 악당이 없어진 것을 축하하며 영웅을 맞을 준비를 하고 있었습니다.

"영웅 테세우스다!"

3
아테나이의 왕자 테세우스

아이게우스 왕은 당당하게 이야기하는 테세우스가 어쩐지 마음에 들었습니다.

"테세우스라고 했나? 정말 훌륭한 청년이로군. 잠시 내 앞으로 나와 보게."

테세우스는 심장이 두근거렸습니다.

사람들은 용감한 테세우스를 새로운 영웅으로 치켜세우며 열렬히 환영했습니다.

테세우스에 대한 소문은 아이게우스 왕이 살고 있는 왕궁에까지 닿았습니다. 왕은 소문을 전해 듣고는 매우 기뻐했습니다.

"그런 용감한 젊은이가 있단 말인가? 어서 가서 그 젊은이를 데려오게. 내가 직접 만나야겠어."

아이게우스 왕은 테세우스에게 큰 상을 내려야겠다고 생각했습니다.

한편 테세우스는 아버지를 만난다는 떨리는 가슴을 안고 당당하게 성 안으로 들어왔습니다.

아버지와 아들이 만나는 감격스러운 순간이었지만, 아이게우스

왕은 아들을 알아보지 못했습니다. 그리고 이 모습을 못마땅하게 지켜본 이가 한 명 있었습니다. 바로 메데이아 왕비였습니다.

'아니, 저 젊은이는 아이게우스 왕의 아들 아니야? 저 녀석이 이곳에 오면 안 돼.'

메데이아 왕비가 한눈에 테세우스를 알아볼 수 있었던 것은 그녀가 마녀이기 때문이었습니다. 아름답지만 잔인한 마녀인 메데이아는 한때 이아손을 돕고 그와 결혼했습니다. 그러나 훗날 이아손의 배신으로 이아손과 헤어진 뒤, 용의

마차를 타고 아테나이로 왔습니다.

본래 마법사였던 메데이아는 아테나이의 왕비가 되기 위해 아이게우스 왕에게 마법을 부렸습니다. 그렇게 아이게우스 왕의 사랑을 한껏 받게 된 메데이아는 왕비가 되어 아이게우스 왕의 아들을 낳았습니다.

메데이아는 당연히 자신의 아들이 곧 아이게우스 왕의 자리를 물려받아 아테나이의 왕이 될 것이라고 생각했습니다. 그런데 아이게우스 왕의 큰아들이 눈앞에 나타난 것입니다.

메데이아는 아이게우스 왕이 자신의 아들보다 테세우스를 더 사랑할 것이라는 걸 알았습니다.

'이를 어쩌지! 테세우스가 자기 아들인 걸 알게 되면 내 아들은 어떻게 되지?'

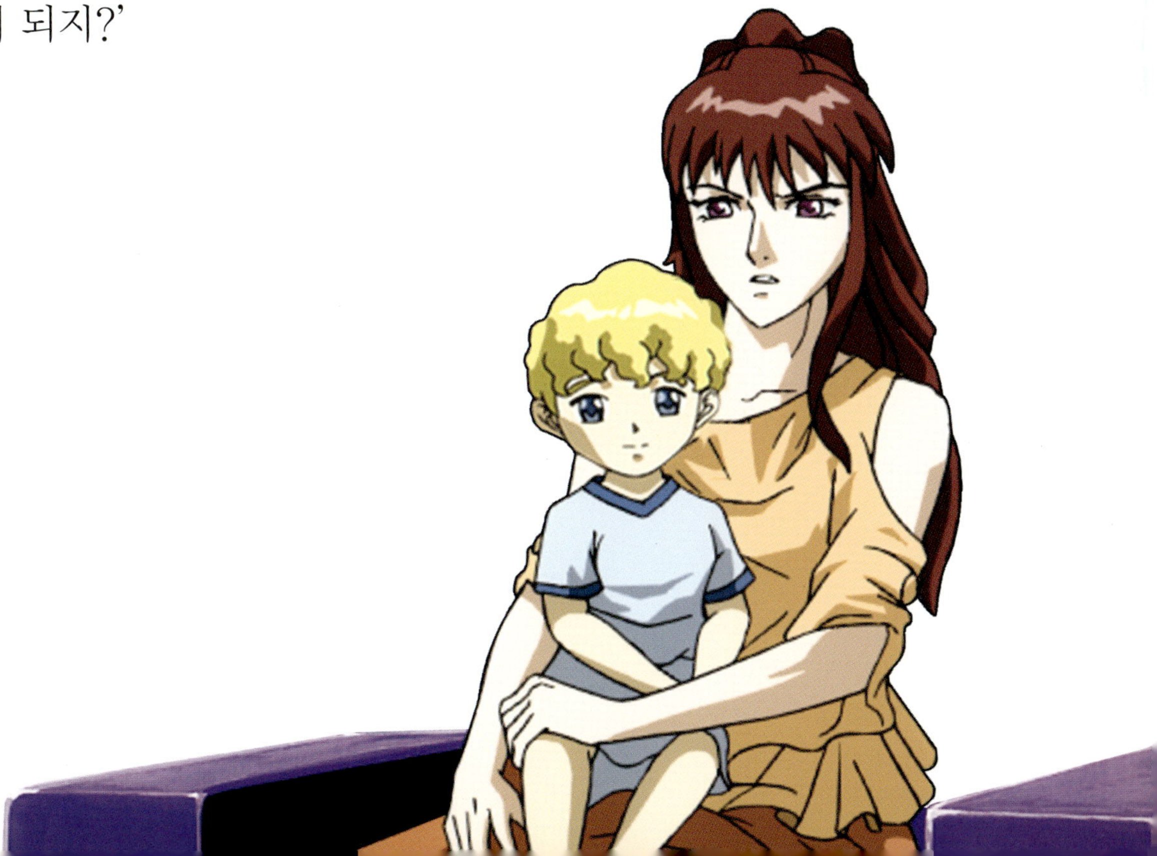

아이게우스 왕은 테세우스가 아들이라는 건 꿈에도 모른 채 듬직한 청년을 바라보았습니다.

"아테나이로 오는 산길에서 악당들을 모두 해치웠다고 들었네. 그것이 사실인가?"

"네, 그러합니다. 사람들을 괴롭히는 악당을 해치우는 건 당연한 일이라 생각합니다."

테세우스는 고개를 들고 왕을 바라보았습니다. 그리고 이제 곧 자신이 아들이란 걸 밝혀야겠다고 생각했습니다.

아이게우스 왕은 당당하게 이야기하는 테세우스가 어쩐지 마음에 들었습니다.

"테세우스라고 했나? 정말 훌륭한 청년이로군. 잠시 내 앞으로 나와 보게."

테세우스는 심장이 두근거렸습니다. 아무리 왕 앞에 선다지만 이상하게 마음이 설레었습니다. 그때 메데이아가 *앙칼지게 외쳤습니다.

*앙칼지게 매우 모질고 날카롭게.

"잠깐, 왕이시여. 저분은 아주 훌륭한 청년입니다. 그러나 너무나 힘이 세어 무섭습니다. 함부로 가까이 하지 마십시오. 이 나라를 노리고 온 사람일 수도 있습니다."

아이게우스 왕은 메데이아의 뜻밖의 말에 깜짝 놀랐습니다.

"메, 메데이아, 뭐라고? 이분은 이 나라를 위해 목숨을 아끼지 않은 사람이야. 함부로 이야기하지 마시오!"

아이게우스 왕이 화를 내자 메데이아는 입술을 깨물었습니다.

더 이상 아이게우스 왕은 메데이아의 이야기에 귀를 기울이지 않았습니다. 그러자 메데이아의 곁에 있던 시녀 또한 거들었습니다.

"왕이시여. 왕비님 말씀이 옳습니다. 이제 막 이 나라에 도착한 낯선 청년이오니 너무 가까이 하지 않는 것이 좋을 것 같습니다."

아이게우스 왕은 테세우스를 돌아보았습니다. 전혀 위험할 거 같지 않은 선한 인상을 가진 청년이었습니다. 테세우스는 기가 막혔지만 일단 자리로 돌아가 다시 무릎을 꿇었습니다.

바로 그때 아이게우스 왕의 눈에 테세우스가 찬 칼이 들어왔습니다.

"잠, 잠깐 이보게. 그 칼은 무엇인가? 날 좀 보여 줄 수 있는가?"

테세우스는 말없이 긴 칼을 뽑아 왕에게 건넸습니다.

왕이 남긴 *증표를 모르는 메데이아는 *의아한 눈빛으로 칼을 바라보았습니다.

"오오, 이 칼은 내가 아이트라에게 남긴 것인데……."

아이게우스 왕은 떨리는 손으로 칼을 건네받고 칼과 테세우스를 번갈아 쳐다보았습니다.

***증표** 증명이나 증거가 될 만한 표.
***의아하다** 의심스럽고 이상하다.

아이게우스 왕은 퍼뜩 테세우스의 발을 보았습니다. 아니나 다를까 테세우스는 아이게우스 왕이 칼과 함께 바위 아래 두었던 가죽신을 신고 있었습니다.

"훌륭한 청년이여! 이 칼과 그 가죽 신발은 어디서 난 것인가. 솔직하게 말해 보거라."

테세우스는 크게 심호흡을 하고 입을 열었습니다.

"아이게우스 왕이시여, 저는 아버지가 계신 줄은 꿈에도 모른 채 자랐습니다. 어느 날 어머니께서 이 칼과 가죽신을 찾아 아테나이로 가라고 했습니다. 그리고……."

테세우스가 잠시 말을 멈추자 궁궐 안은 쥐죽은 듯 조용해졌습니다.

아이게우스 왕은 침을 꿀꺽 삼키고 테세우스를 바라보았습니다. 메데이아는 불만에 가득 찬 눈으로 둘을 쏘아보았습니다.

"그리고 아버지를 만나라고 하셨습니다."

테세우스가 말을 끝내자 아이게우스 왕은 테세우스를 덥석 껴안았습니다.

"오, 내 아들이었구나. 내가 평생 동안 기다려 왔던 내 아들이 틀림없다!"

아버지와 아들이 기쁨을 나누는 동안 메데이아는 자신의 아들을 감싸 안고 몰래 궁을 빠져 나갔습니다.

아테나이를 떠난 메데이아

메데이아는 자신의 정체가 탄로 나 화를 입을까 두려워 아들 메도스와 아시아로 도망을 가요. 메데이아가 도망친 아시아 땅은 그 뒤 메디아라고 불리게 되지요. 그 후 메데이아는 메도스를 데리고 자신의 고향인 콜키스로 돌아가는데, 그때 콜키스는 숙부 페르페스가 아버지 아이에테스를 왕좌에서 쫓아낸 상태였어요. 메데이아는 숙부를 죽이고 아버지에게 왕국을 되돌려주어요. 메도스는 나중에 콜키스 왕이 되었지요. 전해 내려오는 다른 이야기에 따르면 메데이아는 죽은 사람들이 머무는 축복의 땅 엘리시온에 가서 아킬레우스와 결혼했다고도 해요.

아이게우스 왕은 모든 사람들에게 우렁차게 외쳤습니다.

"여기 이 용감한 젊은이 테세우스가 내 아들이다. 앞으로 이 나라의 왕이 될 왕자이다."

"왕자님, 만세!"

"테세우스 왕자님, 만세!"

*포악한 산적들을 물리친 용감한 왕자님을 맞이한 백성들은 모두 기쁨의 환호성을 질렀습니다.

***포악한** 사납고 악한.

4
크레타를 향해

"괴물은 제가 처리할 테니 이제 걱정하지 마세요.
제가 제물이 되어 크레타에 가겠습니다.
미궁 안으로 들어가 반드시
미노타우로스를 해치우겠습니다."

테세우스는 왕자가 된 기쁨도 잠시 아버지께 물었습니다.

"아버지, 괴물 미노타우로스의 제물로 이 나라의 젊은이들을 바친다는 게 사실입니까?"

"그렇단다."

테세우스는 아버지를 위로하며 말했습니다.

"괴물은 제가 처리할 테니 이제 걱정하지 마세요. 제가 제물이 되어 크레타에 가겠습니다. 미궁 안으로 들어가 반드시 미노타

우로스를 해치우겠습니다."

테세우스는 아테나이 시민들을 진정으로 사랑하였기에 그들에게 닥친 운명을 자신의 것으로 여겼습니다. 그래서 스스로 제물이 되겠다고 나섰습니다.

아이게우스 왕은 만난 지 얼마 되지 않은 아들을 다시 잃게 될까 봐 걱정하며 말했습니다.

"절대 안 된다! 너는 이 나라의 왕이 될 왕자야!"

하지만 테세우스의 마음은 바뀌지 않았습니다. 미노타우로스를 반드시 처치하고 함께 간 젊은이들과 살아서 돌아오겠노라고 아버지를 설득했습니다. 결국 아이게우스 왕도 테세우스의 고집을 꺾지 못했습니다.

드디어 테세우스가 미노타우로스의 제물로 바쳐질 젊은이들과 함께 배에 올랐습니다.

"테세우스, 꼭 승리하고 돌아오너라."

아버지 아이게우스 왕은 아들의 용맹함을 믿었습니다. 아이게우스 왕은 아들이 살아 돌아올 것을 기대하면서 테세우스를 배웅했습니다.

"걱정 마십시오. 꼭 살아서 돌아오겠습니다!"

테세우스가 자신 있게 소리쳤습니다.

마침내 배가 출발했습니다. 테세우스는 뱃머리에서 한참이나 아버지 아이게우스 왕에게 손을 흔들었습니다.

배에 함께 탄 젊은이들은 자신감에 차 있는 테세우스와는 달리 얼굴이 굳어 있었습니다. 크레타 섬에 도착하면 미노타우로스에게 잡아먹힐 거라는 공포에 휩싸여 있었기 때문입니다.

"모두 기운을 차리자. 우리 모두가 힘을 합치면 미노타우로스를 무찌를 수 있을 거야."

테세우스는 주먹을 불끈 쥐고 희망을 이야기했습니다.

신화 뒷이야기

'테세우스' 라는 이름은 '테사우르스'에서 온 말입니다. 테사우르스는 '묻혀 있는 보물'이라는 뜻입니다. 아이게우스는 오래전 자신이 감춰 두었던 증표를 가져올 아들을 기다렸습니다. 하지만 용기 있는 청년 테세우스가 자신의 아들인 것은 전혀 알지 못했습니다. 어쩌면 테세우스는 자신의 이름처럼 알려지지 않은, 숨겨진 보물이었겠지요.

테세우스는 어렸을 때 자신의 아버지가 누구인지 알지 못했습니다. 전해 내려오는 이야기들은 아이게우스 왕이 아이트라에게 아이가 다 자랄 때까지 아버지가 누구인지 밝히지 말라고 했다고 합니다. 아이가 자라서 바위를 들어 올려 자신이 숨겨 놓은 물건들을 찾기 전까지는 자신에게 보내지도 말라고 했지요. 자신의 적들이 왕위를 물려받을 아들을 해칠지도 모른다는 걱정 때문이었을 수 있습니다. 바위를 들어 올릴 만큼 힘을 가진 청년이 되면 그때는 적들로부터 스스로를 지켜 낼 수 있을 것이라고 믿었을 것입니다.

테세우스가 아버지를 찾는 것은 자신이 누구의 아들인지 세상에 알리고, 왕자로서의 자신의 지위를 확실히 하는 것이었습니다. 그리고 그것은 세상에 알리는 것뿐만 아니라 스스로도 자신이 누구인지 확실히 깨닫고 밝히는 것이었습니다.

테세우스는 아버지를 만나기 전에 델포이 신전에 갑니다. 그 당시 아테나이 풍습에는 사내아이가 열여섯 살이 되면 앞머리를 잘라 아폴론 신전에 바치도록 했습니다. 아폴론 신전 현관 기둥에는 '그노티 세우아톤'이라고 새겨져 있었다고 합니다. 그 뜻은 바로 '너 자신을 알라.' 입니다. 바로 테세우스가 아버지를 찾아서 떠난 길의 의미가 아닐까요?

올림포스 신들의 계보

크로노스 + 레아
하데스
지하 세계의 왕
포세이돈
바다의 신
제우스
신들의 왕
헤라
신들의 여왕,
제우스의 아내
헤스티아
난로·불의 여신
데메테르
대지의 여신
아테나
지혜 · 전쟁의 여신
제우스 + 메티스
아폴론
의술 · 음악의 신
제우스 + 레토
아르테미스
사냥 · 순결의 여신
아스클레피오스
의술의 신
아레스
전쟁의 신
제우스 + 헤라
헤파이스토스
대장간의 신
제우스 + 디오네
아프로디테
헤파이스토스의 아내,
미의 여신
에로스
사랑의 신
헤르메스
신들의 전령,
상업의 신
제우스 + 마이아
디오니소스
술의 신
제우스 + 세멜레
페르세포네
하데스의 아내
지하 세계의 여왕
제우스 + 데메테르

⚜ 그리스 로마 신화 주요 인물의 이름 ⚜

그리스 어	로마 어	영어
가이아	텔루스	
니케	빅토리아	나이키, 빅토리
데메테르	케레스	세레스
디오니소스	바쿠스	바커스
레아	키벨레	시벨레
아레스	마르스	마스
아르테미스	디아나	다이애나
아테나	아테네, 미네르바	
아폴론	아폴로	아폴로
아프로디테	베누스	비너스
에로스	쿠피드, 아모르	큐피드
오디세우스	울릭세스	율리시스
우라노스	카일루스	유러너스
제우스	유피테르	주피터
크로노스	사투르누스	새턴
페르세포네	프로세르피나	
포세이돈	넵투누스	넵튠
하데스	플루톤	플루토
헤라	유노	주노
헤라클레스	헤르쿨레스	허큘리스
헤르메스	메르쿠리우스	머큐리
헤스티아	베스타	
헤파이스토스	불카누스	벌컨

그리스 로마 신화 올림포스 가디언 49

아버지를 찾아 나선 테세우스

펴낸이 양원석
펴낸곳 ㈜알에이치코리아
등록 2004년 1월 15일 제2-3726호
주소 서울특별시 금천구 가산디지털2로 53, 20층 (한라시그마밸리)
문의전화 02)6443-8800

ISBN 978-89-255-4377-2(74800)
ISBN 978-89-255-4354-3(세트)

값 **12,800원**

원작 만화로 보는 그리스 로마 신화(가나출판사)
이광진 엮음, 홍은영 그림
명화 구입처 유로크레온(주)

※잘못된 책은 구입하신 곳에서 바꾸어 드립니다.
※책 모서리가 날카로워 다칠 수 있으니 사람을 향해 던지거나 떨어뜨리지 마십시오.

알에이치코리아 홈페이지와 카페, SNS로 들어오시면 자사 도서에 대한 더 많은 정보와 다양한 이벤트 혜택을 확인할 수 있으며, E-book몰에서는 전자북으로도 만나볼 수 있습니다.

주니어RHK 홈페이지 http://jrrhk.com | **E-book몰(RHK북스)** http://ebook.rhk.co.kr | **북카페** http://cafe.naver.com/randomhousekorea
페이스북 https://www.facebook.com/rhk.co.kr | **트위터** @randomhouse_kr | **유튜브** http://www.youtube.com/randomhousekorea